LABERINTO DE EMOCIONES

Ulises ZV

Laberinto de emociones

ISBN de la edición impresa: 978-2-5986-6989-0

Cuidado editorial, maquetación y diseño: Combray Editores
www.combray-editores.com

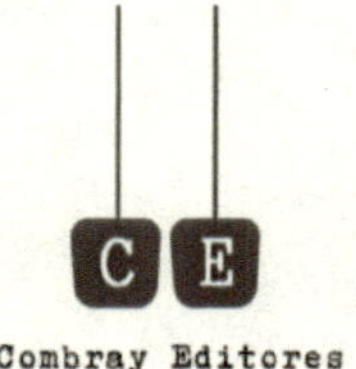

Yo voy por un camino; ella, por otro;
pero, al pensar en nuestro mutuo amor,
yo digo aún: ¿Por qué callé aquel día?
Y ella dirá: ?¿Por qué no lloré yo?

Rima XXX
Gustavo Adolfo Bécquer

ÍNDICE

Mírame

Muero por sentir tus manos,
muero por no poder hablarte,
me desvanezco en pedazos
por no poder amarte

Sé que no me conoces,
que no sabes nada sobre mí
sé que no escuchas voces
que te hablen de mí

Cómo desvanecer este temor,
este miedo,
esta sensación,
cómo mostrarte mi amor,
esta alegría,
esta ilusión

Tan solo verte una vez más
me conformaría en la eternidad,
tan solo poderte hablar
sería toda mi felicidad.

Acompáñame

Acompáñame a sonreír
a olvidar nuestro pasado
acompáñame a vivir
y seguir el camino trazado

Acompáñame bajo la luna
a borrar los fantasmas de mi vida

Acompáñame en mis fantasías
a saber, vivir la vida
ayúdame a curar mi herida
sé la reina de mis días.

¿Cómo?

Cómo hacerte entender
cómo demostrarte este amor,
que me hace estremecer,
que me llena de calor

Cómo abrir tu duro corazón
cómo llenar de besos tu alma
cómo mostrarte que este amor
va más allá de la razón
y mi corazón cada noche llama

Cómo calmar tu dolor
cómo sanar tu corazón
solo quiero tomar tu mano
y llenar tu lienzo de color

Cómo no pensar en ti,
si en mi piel te llevo
cómo olvidarme de ti,
si solo tu amor deseo.

Primavera

Como abejas que vuelan
buscando la dulce miel
así mis manos quieren
estrechar tu hermosa piel

Como las aves en busca
de un corazón al trinar
tú tienes la culpa
por quererte yo amar

Como semilla que germina
en flores al retoñar
el invierno que termina
para la primavera empezar.

Solo un instante

Es lo que anhelo,
solo una mirada es mi deseo;
mi respiración se agita
mi corazón se estremece
solo un instante yo sueño
con el roce de tu piel
y sentir tu sonrisa tan cálida
es lo único que pido
es mi único deseo.

Crepúsculo

Al ponerse el alba
busco solo tu amor
robar tu alma
tu cuerpo,
sentir tu calor

Mi ser arde como fuego
quemándome por dentro
acariciarte,
llevarte a mi juego,
un beso, tu encuentro…
solo eso,
todo eso,
quiero

La oscuridad llena la noche
y el deseo se apodera de mí
perdido en este mundo
esperando calmar mi sed.

Tus besos, mi adicción
tu cuerpo, una gran tentación
acariciarte, mi ilusión
una noche, mi solución

Como sombra que espera,
a la noche, a la oscuridad
mi ser que te desea
hacer el amor realidad.

Merecemos

Merecemos un abrazo
merecemos ser de quien nos ve

Quién ve más allá de nuestro cuerpo
quién ve más allá de nuestro ser

Merecemos lágrimas de alegría
besos y un café,
merecemos embriagarnos
merecemos sentir placer,
nos merecemos una sonrisa
merecemos caminar por el mar
nos merecemos sentir la brisa
amor y armonía,
nos merecemos
vivir la vida.

Alegría

¿Qué es alegría?
Me preguntas al caminar
¿Qué es alegría?
Mientras caminas hacia el mar

¿Qué es alegría?
Me preguntas con tu mirada
¿Qué es alegría?
Mientras agitas mi respiración

¿Qué es alegría?
Me preguntas al caminar
¿Qué es alegría?
Mientras sonríes al caminar.

Un café

I

Quiero un café, fuerte como tus abrazos
que me despierte como tus besos
quiero un café por las mañanas
y la dosis de tu mirada por las noches.

Deseo me cubras con tu calor
que me quites el frío de mi corazón
dos de azúcar y tres besos
que endulcen la razón.

II

Quiero ser tu licor de fin de semana
ser tu limón que tanto amas
quisiera ser tu bebida
y sentir tu compañía.

Se me antoja tomarte todo el día
que seas mi café,
que seas mi vida
quiero endulzarte la vida
y que me acompañes noche y día

Cautivo

Tu mirada causó efecto
como la luna sobre el mar
es grandioso, es perfecto
mucho más que la pleamar.

Como un dique o una presa
que ya no podía soportar
así esta gran sensación
que estaba por desbordar.

Tu voz me cautivó
como sirena en el mar
tu presencia me enamoró
para tenerte y besar.

Me muero por probar
tus labios de miel
me muero por tocar
tu dorada piel.

Eres

Lienzo salpicado de estrellas
ojos color miel, labios de pasión,
eres mi universo que ilusiona
y cautiva mi corazón

Ojos como perlas de mar
luz que irradias al caminar
eres una dulce guerrera
una alma prisionera

Dulce tentación,
báñame con tu fulgor
con tu llama, con tu pasión
acaríciame, déjame recorrer

Tus ojos son mi guía
tu voz una dulce tentación
deseo una noche seas mía
para poder sentir tu corazón

Eres todo lo que necesito
eres fuego, eres pasión
eres ese cantar de ruiseñor
eres alegría, eres amor.

Vida mía

Eres el perfume de las rosas,
la música en mis oídos
la perla que brilla
la vida en armonía

Eres el canto del gorrión
las alas que me elevan
la luz que me ilumina
tú, la que me motivas

Eres la sirena que brinca
la princesa dormida
la poesía no escrita
tú, la vida mía.

Algodón de azúcar

Bajo el manto negro de la noche
tu brillo, tu sonrisa apareció
y bajo la ropa la cicatriz dolió

Un suspiro tan profundo como el mar
dio lugar al arcoíris en esta paleta,
colores de esperanza de sanar
y el dolor y tristeza en la maleta

Algodón de azúcar
caramelo y chocolate,
sonrisa perfecta
y tu mirada al rescate

Con la brisa de verano
en aquél muelle
espera este barco
partir tomado de tu mano

Algodón de azúcar
un café y chocolate
sonrisa perfecta
alma excitante.

No sé

No sé cómo explicar
tu belleza y tu ser,
trato de comprender
la grandeza de ver

Tus ojos que brillan,
como un faro en el mar
siempre me guían,
cuando he de caminar

Tu energía me colma
de fuerza para volar
tu piedad me alivia
del temor de tropezar

Comprendí que tu belleza
es igual que tu ser
un poco de rareza
y mucho de querer.

Noche de enero

Estrella perpetua
que irradias luz en el sendero,
ilumíname en la noche
bajo las nubes y el sereno

Noche fugaz de enero,
abrázame,
dame un consejo,
noche mágica de enero,
detén el tiempo,
regálame un momento

Cielo nocturno espectador,
abrázame en tu inmensidad,
noche de un negro profundo
en el cual brillas con intensidad

Noche mágica de enero,
no termines aún,
dame más tiempo
noche sublime de enero
susúrrale al oído lo que siento

Mi anhelo

Tu piel blanca como una nube
hace que levante suspiros,
tocarte es mi deseo
y mi más perverso anhelo

Tus senos como montañas
me incitan a recorrer,
atravesar los valles de tu cuerpo
para disfrutar de tu ser

Húmedos besos te grabo,
por tu sexo y tu piel
suave y delicada
dulce como la miel

Soy tu secreto,
soy tu anhelo
Soy el suspiro
que emana de tu cuerpo.

No quiero que termine

No quiero que termine esta noche,
noche de risas y café,
quiero permanecer en tu bosque
para deleitarme con tu ser

Anda, pide un café
alarga esta noche,
yo invito al pastel

Caminemos bajo la luna
deja que el rocío acaricie tu sien,
corramos bajo la lluvia
empapémonos la piel

No quiero que termine esta noche
no quiero dejarte de ver
quiero continuar con tu aroma,
perfume de rosas y clavel.

Dos especies raras

Somos dos especies raras
con un peculiar corazón,
tú te guías con las estrellas
yo camino sin razón

Tú eres sol, tú eres alegría
yo soy noche, soy el sereno
tú eres la chispa de mi vida
y yo el velero que te guía

Tú eres ritmo eres pasión
yo soy la calma y el misterio
tú eres el dulce, la emoción
y yo el café que relaja la tensión

Somos dos especies raras
con un peculiar corazón
tú eres la estrella que brilla
y yo la paz en tu interior.

El abrigo

En el abrigo de tus brazos
es donde encuentro paz,
eres quien me protege
eres quien calma me das

Quisiera nunca soltarme de ti,
deseo seas mi refugio
y siempre existas para mí

Eres mi paz, eres mi todo
el silencio en el murmullo
eres mi cielo, eres mi vida
tú, mi dulce compañía

Abrígame en este frío
cúbreme con tu amor,
no me sueltes nunca
y calienta mi corazón.

Quiero tenerte

Quiero tener tu cuerpo,
sentir tu piel
desnudarte,
besarte
solo existir un instante

Me provocas fantasías
lujuria y pasión

Gemidos, una sinfonía en mis oídos
tu cara, tu expresión
me enloqueces,
me transformas
en un volcán en erupción.

Miradas que…

Miradas que cautivaron,
que dijeron y provocaron
un hola o un adiós

Quizás fue un sueño
quizás una invitación
letras que se transformaron
en una extensa conversación

Tocarte mi delirio,
desde tu hola y el adiós
hacerte solo mía,
llenarte de pasión

Noche de éxtasis
de luna llena y pasión,
un par de locos
con sueños e ilusión.

Te deseo

Te deseo como nadie jamás ha deseado,
deseo ser tu cobija que aferras en el frío
deseo ser esa canción que cantas con amor

Te deseo como las estrellas al anochecer,
te deseo acompañar al caminar,
te deseo en mis días grises,
te deseo a mi lado para reír
te deseo para hacer el amor

Si tan solo pudiera explicar lo que siento,
este deseo, esta sensación
te deseo para tomar un café y un vino
te deseo para recorrer el mundo

Te deseo como a un oasis
donde poder saciar mi sed,
te deseo en mis sueños
y te deseo al despertar,
deseo respirar a tu lado
te deseo como jamás imaginé.

Tu dueño

No existe lugar
ni momento
en el cual escapes de mí,
donde tome de tu cintura
te llene de besos
te inunde de lujuria

Tu figura me provoca,
me llena de sensualidad y pasión,
deseo tocar tus labios
y no controlar esta sensación

Cierro los ojos
te veo, te siento
recorro tu cuerpo
soy tu dueño.

Mi oscuro deseo

Eres mi deseo,
mi fantasía y credo
sé mi esclava,
mi más oscuro deseo

De blanca a roja,
déjame liberarte
llenarte de caricias,
de besos y sexo

Una noche anhelo
recorrer tu cuerpo,
exclama mi nombre,
mientras tu piel quemo

Húmedo encuentro,
dos corazones y un cuerpo,
siénteme desde adentro
suspira muy lento.

Dentro de ti

Húmeda fantasía que provocas
con solo tocar tu piel
dulce néctar que emana
desde el interior de tu ser

Déjame besarte
llenarte de amor y placer
déjame estar dentro de ti
y hacerte parte de mí

Tu blanca piel se sonroja
con el ligero roce de mi piel
deja que quite la ropa
y gocemos al atardecer

Se mía, solo mía
se mi esclava noche y día
te llevaré al éxtasis
se parte de mi vida.

Borrando lo gris

Tratemos de desvanecer
lo gris del pasado
hagamos renacer
este amor cristalizado

Disculpa por herir
con mis palabras tu corazón
aunque trato de rescindir
con estos versos tu amor

El cielo nocturno me guio
como un lucero hacia ti,
tu eres mi motivo
y mi razón de existir

Como detener el tiempo
para juntos los dos
contemplar las estrellas del cielo
y nunca decir adiós.

Sin salida

Es un laberinto
y no encuentro la salida
es un torbellino
que arrasa con mi vida

El tiempo pasa y desvanece
mis energías y mis esfuerzos,
el tiempo me enloquece
con todos los recuerdos

Trato de levantarme
pero en el intento desvarío
trato de esforzarme
para seguir aquí vivo.

¿Cómo olvidarte?

Cómo olvidar tu rostro,
cómo recordar tus palabras,
si cada vez que duermo
solo en ti yo pienso.

Cómo matar este amor,
y cómo apagar este fervor,
si cada vez que lo intento
volteo y te encuentro.

Cómo olvidar tu mirada
y cómo calmar este dolor,
si cada vez que duermo,
de tu amor me acuerdo.

Si tan solo

Si tan solo fuera
un verano más
o un otoño menos

si tan solo hubiera reído más
y llorado menos

si tan solo se pudiera
un segundo más
y una lágrima menos

si tan solo
si tan solo.

Redención

Quiero con estas letras redimir
lo que con palabras fue un error,
a veces me equivoco,
al usar mi voz

Cambiar esa expresión en tu rostro
esa mala impresión de mí,
siendo sincero yo soy otro,
solo tienes que confiar en mí

Prometí mi error enmendar,
anda, concédeme una oportunidad
dame tu mano para bailar
confía, no te arrepentirás.

Cartas a tu corazón

Con el tintero de mi corazón
escribí sobre tu pergamino
cartas de alegría y dolor

Sobre tu tersa piel
se plasmaron días de amor
con la pluma de mi alma
escribí historias sin razón

Pasaron los días y los meses
y la carta nunca llegó a ti
la tinta de mi pasión
se consumió sin color

Cómo extraño tu lienzo
cómo recuerdo cada fragmento,
historias de amor y sudor
de lágrimas y dolor

Al final me quedé con las cartas
que escribí con mi corazón
recordé tu lienzo
y cómo la tinta se derramó.

Entre sueños

En plena madrugada
es cuando más pienso en mí,
me envuelvo en mi cobija
sin querer saber de ti

Doy vueltas en la cama
torturándome, pensando en ti
recordando tu partida
tu adiós,
tu despedida

Siempre a la misma hora
me despierto agitado,
perdido,
desorientado

Deambulo entre sueños
entre risas y llanto
respiro, imagino y amo.

Déjame guardar

Déjame guardar tus recuerdos
tus risas y tus besos,
las aventuras prohibidas
y las lágrimas de mi vida

Déjame guardar ese día,
esa nota y tu partida,
sin peleas
sin reproches,
siendo un fragmento en mi vida

Ahora es la despedida
decir adiós
cerrar la herida.

En el rincón

Jamás había sentido tanto frío,
tanta soledad y temor,
jamás había visto el mundo
tan gris y sin amor

Perdí tus brazos, perdí tu voz,
se escapó mi mundo, mi luz
y mi corazón

Marchaste y dijiste adiós,
me quedé entre las sabanas
llorando en un rincón

El lúgubre peso de la realidad
me asfixió, me derribó,
triste y desconsolado
ahora estoy solo y abandonado.

La lágrima

Es tarde ya, la noche vive
la soledad me abraza,
y el recuerdo se asoma,
en la forma de una lágrima

La noche avanza
y este dolor que mata,
arde, quema
me hiere al respirar

Entre las sábanas me escondo,
me refugio en el ayer,
las lágrimas forman un charco
de tristeza y dolor

Me congelo me agobio,
¿dónde estás?, exclamo desesperado,
abandonado me encuentro
y sufro por tu recuerdo.

Jamás

Despierto aún con sueño,
con un rayo de luz que se escapó de la cortina,
tu recuerdo converge aun en mi vida

Inhalo tu aroma y
exhalo tus recuerdos
un suplicio,
una pena que me embarga
y un dolor que sacude mi ser

Cierro los ojos para poder descansar,
la realidad fría me dice
que volverte a ver,
jamás.

Diez para las diez

Y de repente el café se terminó,
vi la hora en el reloj
faltaban diez minutos para las diez,
y tu recuerdo se acercó

Levante la mirada,
y tu silueta apareció,
mi cuerpo vibró,
pero mi alarma sonó

Quise recordarte en mi cama,
a la misma hora que dormías,
diez para las diez

Siempre a la misma hora,
cuando el café se terminaba
una vez más me recosté,
esperando soñar,
esperando olvidar.

Hasta siempre

Te brindé mi mano
y tú la tomaste
te brindé mi amor
y de mí te burlaste

De pronto se apagó
la llama de mi pasión
y poco a poco sanó
la herida de mi corazón

Rompí aquellas cartas
en las que escribí a vos
y quemé tus fotos
para no sentir dolor

Un día me expresaste
mucha rabia y rencor
un día me mostraste
mucho cariño y amor

Yo no te dije nada
ni mi odio ni mi rencor
así que no quieras
tener mi corazón.

Café sin azúcar

Siempre pido azúcar
cuando tomo café,
no agrego cucharada alguna,
para no sentir placer

Siempre busco la misma mesa,
por si un día entras por esa puerta,
siempre pido dos tazas de café,
para tu soledad y mi sed

El amargo sabor del café
es lo más parecido a ti,
el café me quita el sueño
como tú quitaste el placer.

Siempre espero que den las diez
para pedir otra taza,
un pan y un té

Los tomo sin azúcar,
sin prisa y sin fe,
me robaste la energía
y la busco en el café.

Somos lo que somos

Somos lo que somos
lo que no pudimos ser,
una mentira disfrazada de realidad
una realidad con temores,
desdicha y dolor

Somos lo que somos
lo que debemos ser,
somos tímidos, somos callados,
solo unos seres enamorados

Somos ahora
las decisiones del pasado,
somos ahora,
el momento ha llegado

Somos lo que somos,
somos nuestros sueños,
nuestras lágrimas
o nuestras risas,
somos lo que somos,
y lo que pudimos ser.

Si un día

Si un día preguntas por mí
no te preocupes que me perdí,
me perdí buscándome
y sin saber de ti

Si un día me recuerdas
no olvides que yo no me fui,
recuerda las risas
y las lágrimas que derrame ante ti

Si un día me extrañas
no te aflijas nunca más por mí,
extraña tus palabras
y lo feliz que eres sin mí

Si un día sueñas conmigo
no te ilusiones por mí,
yo ya sueño bajo las estrellas
y soy feliz sin ti

Si un día preguntas por mí
pregúntate ¿Qué fue lo que pasó?,
no sueltes ninguna lágrima
y si lloras, llora por ti.

Te amé

Cada instante a tu lado
te amé,
cada día agitado
te amé

Te amé sin esperar nada
te amé en cada lágrima,
en cada plática y cada risa

Te amé, pero no fue suficiente
amé cada parte de ti,
tus miedos y tu sonrisa

Amé cada centímetro de tu piel
cada lunar y cada cicatriz
te amé como jamás imaginé,
te amé a mi lado

Y te amaré aún lejos de mí.

El invierno llegó

Aire gélido avanza sobre mi nuca,
señal que el otoño llegó a su fin,
recuerdos y palabras que no se dijeron nunca
y este dolor que vive en mí

El invierno llegó galopante,
resoplando en las grietas de mi corazón,
ahora uso bufanda, gorro y guante,
desde la cúspide de mi balcón

Entonces volvió diciembre,
con el frío abrazando mi corazón,
esta vez tengo un abrigo
y un té para el dolor

Mirando a través de la ventana
veo la nieve caer,
echo más leña a la hoguera
para con el calor renacer.

Grises tormentas

Las nubes grises se formaron
como tormentas en mi mente,
rayos de tristezas
y relámpagos de dolor

La lluvia empezó a caer
como tus recuerdos sobre mí,
las gotas inundaron
a mi melancólico corazón

La lluvia de pronto cesó
y el gris del cielo se desvaneció,
pronto salió el sol
para secar mi dolor

La tormenta se alejó
y la calma se restauró,
pronto reverdeció
el valle de mi corazón.

Te perdono

Yo te perdono
a pesar de las heridas abiertas
yo te perdono
a pesar de las noches de llanto

Te perdono porque me enseñaste
a valorarme día con día,
te perdono por las grietas del corazón,
te perdono porque el tiempo sanó
y sana cada lágrima que brotó

Yo te perdono
porque sin esas lágrimas
no hubiera creado perlas de fe

Yo te perdono
porque me volví más fuerte,
más seguro y con un gran corazón

Yo te perdono
porque me guiaste más allá de mis miedos
yo te perdono
porque me mostraste
que amar no es sufrir.

Sobre el autor

Pedro Ulises Zúñiga Velasco nació en 1989, en Tijuana, Baja California, el punto donde inicia la república mexicana. A corta edad se radicó en San Andrés Tuxtla, estado de Veracruz.

Sus primeros acercamientos a la escritura fueron en la etapa final de su educación primaria y la etapa temprana de su educación secundaria.

Ingeniero Civil de profesión, pero con alma de poeta, ha participado con poemas en verso en las antologías *La Guerra Vol. 2*, *La Soledad Vol. 2*, *Panal de Versos*, *Postal de Recuerdos* y recientemente en *Aroma del Atardecer II*.

En *Laberinto de emociones*, su primer poemario publicado, Ulises ZV plasma los sentimientos y experiencias del amor y desamor a través de un viaje en versos, donde podrás descubrir y sentir las diferentes estaciones del corazón, desde al júbilo de la primavera y del primer amor, hasta el frío agobiante del invierno por el duelo de un adiós.

Con palabras cotidianas y una voz cálida el autor nos descubre la poesía que existe a nuestro alrededor, y la profundidad de nuestro ser al ser tocado por el sentimiento más maravilloso que puede existir, el amor.